DESDE EL CIELO DE MI BOCA

DESDE EL CIELO DE MI BOCA

ISEL ZAHOR

Valparaíso
EDICIONES

Número 478 de la Colección VALPARAÍSO DE POESÍA
dirigida por FEDERICO DÍAZ-GRANADOS

Diseño de colección y portada: Chari Nogales
Maquetación: Carlos Henson

Primera edición: junio de 2025

© De los poemas: Jesús Sánchez Ruiz - Isel Zahor
© Diseño de portada: Vizerskaya (vizerskaya.com)

© Valparaíso Ediciones
   C/ Fray Leopoldo, 7 bajo, 18014 Granada
   www.valparaisoediciones.es

   ISBN: 979-13-87538-47-7
   Depósito Legal: GR 853-2025

   Impreso en España - *Printed in Spain*
   Gráficas Gami

DESDE EL CIELO DE MI BOCA

A Ana,
que sabe estar cuando yo mismo no estoy en mí.

A mi madre,
que sigue dándome luz desde una mañana de
febrero del 93.

A Abel,
que me mostró que los hermanos
no son siempre de la misma sangre.

A la parte de mí
que bebe tinta para poder expresarse.

I

LA MEMORIA ES UN AMIGO INTERESADO

Entre la lucha y la aceptación reside un recuerdo
ingobernable.

¿Cómo te digo
que me quedan tan solo
dos latidos de vida?

El primero
pregunta por ti
y el segundo
espera
tu respuesta.

POESÍA

Era amor a primera vista,
a última vista, a cualquier vista.
VLADÍMIR NABÓKOV

No hacía falta
que mi mundo rimara
con el tuyo.

Bastaba con que
nuestros ~~versos~~
         besos libres
se entendiesen
y dieran sentido
a toda la estrofa,
para que juntos
fuésemos poesía.

LÁGRIMAS DE ALTA COSTURA

Aún sigue tu vestido blanco
con estampado
   colgado en la percha,
frente al recibidor.

Espera que atravieses
esa puerta para recibir de ti
   la claridad y pureza que antes
le hacían deslumbrar.

Le cuesta comprender
que ya no estás.
Que ya no tiene a dónde ir.
Aun después de tanto tiempo,
sigue prendado de la tendencia
    que marca
tu tez de terciopelo fino.

Le envuelve un tejido mugriento de tristeza
porque sus bordados ya no las baña
aquel color perla suave inmaculado,
sino un color áspero negro plomizo.

Te juro, mi amor,
que he procurado curar sus heridas
con miles de parches, dando puntadas
    sutiles y delicadas,
como solías hacer tú.

Pero, como cada día,
acaba arrojándose al suelo
por el profundo dolor
        que le provocan mis agujas,
frías como el invierno
que se desliza por el umbral de la puerta.

Sitiado por dedales huecos y corroídos
por el paso del tiempo:
                casquillos de balas
que han perforado su piel de seda,
magullada y marcada por el olor a una guerra
donde tu perfume fue el mayor damnificado.

No soporto verlo así,
y creo que él tampoco
me soporta a mí.

Le pido que acepte ayuda
para sanar sus descosidos,
pero me grita:

—¡no deseo
sastre, ni modistas ni costureros!
¡Tan solo me entrego a este recibidor,
apagado y sin gusto para juzgarme,
        y a quien confío este martirio
confeccionado en lágrimas de alta costura!—

Veo cómo las flores de su estampado
se van marchitando.

Tan solo reciben un atisbo de claridad
que se asoma con descaro y sin pudor,
por la rendija de la puerta.

Un hilo dorado de sonrisa jocosa
que pretende abrir fuego contra tu memoria
  y que roza con sus labios los pétalos de encaje
de las flores que aún no han perecido.

Del resto, ya tan solo queda la raíz.

15 DE MARZO: PANDEMIA

La memoria es un arma silenciosa
que nunca deja de disparar.
HERTA MÜLLER

Tu silueta
amenaza con quedarse
más tiempo en la pared
de mi cuarto
y no estoy seguro de si quiero
que se quede conmigo
o que me abandone,
como hiciste tú.

Reina de la penumbra.
Mancha que gotea hambrienta
cubriendo de saliva todas mis debilidades;
la nostalgia y mi duelo,
para así hacerse más rica de dolor;
más altiva, más ácida.

Un lamparón en la camisa
de mi cielo quebrado
que me vigila
a cada instante que respiro
y que se hace más tenue
al final del día,
cuando mi cuerpo nota
el peso de estar viajando

entre pensamientos mundanos
que no llevan a ningún lugar.

Cubre toda la pared
de tonos invierno
y aleja todo resquicio de luz,
cubriendo todo de negro.
—Y yo sigo sin encontrar el interruptor—.

Empecé a quererte
intentando construir
        el amor por el tejado
y acabamos sucumbiendo bajo
todos los cimientos del que creía
el hogar perfecto:

refugio de besos inacabados
que acalló
los
pocos
latidos
que
nos
quedaban.

Y es que por fin,
me he dado cuenta de que lo que tuvimos
fue como revivir aquellos días de pandemia.

Nuestro amor estaba confinado
    y solo podía salir a ciertas horas
a la superficie para coger aire
de tanto gritar para dentro en silencio.

Yo aplaudía a tu ventana.
Tú apedreabas la mía.
Mientras tanto,
hacíamos el desamor
incubando
      gemidos
          fingidos.

Por mucho tiempo,
bebí de tus manos creyéndote mi vacuna,
    como quien ha vagado durante siglos
en un desierto y ha vivido
encerrado en un castigo de arena.

Pero ahora me intento auto-convencer
de que aislarme de ti pondría fin
a mi estado de alarma y que con ello
comenzaría mi nueva normalidad:

una
   en la
      que ya
            no
           estarás
                tú.

NOS ARRASÓ EL OLVIDO

Creo que solo hay oscuridad.
Ni pensamiento, ni memoria, ni amor. Solo oscuridad. Olvido.
JOYLAND, STEPHEN KING

Cada noche,
los vientos de tu espalda
soplaban tan fuerte
que me dejabas sin manta
y pasaba el frío de mis treinta inviernos.

Arropabas, en cambio, a la incertidumbre
que alimentaba la sequía que consumía
nuestras bocas.
La que talaba las raíces de un amor
en el que ya tan solo anidaba el abandono
y que hacía tiempo dejó de dar sus frutos.

Desatendías a la ilusión y a una ya frágil memoria
y las castigaste en el rincón contra la pared.
Desconozco si por vergüenza por no poder
aguantarles la mirada por un segundo
o por temor a que te lanzasen reproches
que pudieran romper la coraza
que yo no supe atravesar a base
de bocanadas de caricias.

Atrás quedaron los momentos
en que nos buscábamos,
    sin estar perdidos,

porque éramos el lugar perfecto
para encontrarnos.

Atrás quedaron aquellos días
en los que mi piel se entrelazaba con la tuya
creando el nudo en el infinito
que dibujaba un futuro unidos.

Las caricias se convirtieron en pulsos de fuerza
y caímos en una inútil competición
    donde nadie conoció la victoria,
salvo el dolor y la desesperación de unos ojos
cuyo telón se cierra para no coincidir entre ellos.

Se agarran a su tela
como una cría de animal,
indefensa y asustada,
se agarra a su madre.

Luché contra tus silencios con palabras
que ya no podían salir de mi boca
sin quemarme toda la garganta
    y me he quedado sin voz ni voto
en el transcurso de mi propia función.

—Pero dime, mi vida:

¿En qué momento le cerraste
la puerta al amor
y entró arrasando el olvido?—

Tengo
los
labios
arrugados
de
tanto
besar
tus
mareas.

FIN DEL RECREO

Había sido demasiado amor, tanto como el que yo podía dar,
más del que me convenía. Fue demasiado amor. Y luego, nada.
ALMUDENA GRANDES

Ya sonó la alarma del fin del recreo.
Dejamos de jugar en el patio
y de reírnos de las clases
    que imparten los miedos.
Morreábamos a la libertad como si
esa alarma no fuera a sonar nunca.

Dejamos de marcar en el suelo
con tiza las veces
que nos echábamos en falta.
Éramos tan ilusos que pensábamos
    seguir escribiendo sobre las letras pensando
que así seríamos más fuertes.

Pensábamos que nada ni nadie las borraría.
Pero las acabamos borrando nosotros mismos.

Saltándonos, p i s á n d o n o s.
Solo sobrevivió la marca del cadáver de los tequiero
que una vez tuvieron un significado.
Cuando eran hechos y no solo palabras.
Cuando no agonizaban.
Cuando aún sentían.

No había banco que no concibiera el amor
como tu nombre delante del mío.
No había árbol que no se tatuase
tus apellidos cerca del corazón.

Pensábamos seguir jugando eternamente
al escondite: —no hay quien te vea tras esa careta
que llevas siempre—, decías.
Tras los muros de nuestra desconfianza,
intentamos ocultarnos,
pero dejamos que nos atrapara la más triste
y extrema realidad.

Dejamos de intercambiar sentimientos.
Unos sentimientos que pasaron
a ser meros cromos cuando entendimos
que ya teníamos el álbum completo.

Optamos por la ley del silencio y hostigamos
a nuestros labios para que dejaran de hablarse.
    Privé a mis ojos de ver la vida en color,
como solía hacer en el reflejo de los tuyos.

Sonó la alarma del fin del recreo.
Bajo la mesa que bailaba ese amor infantil,
ya no flotaban los mensajes de papel
porque se acabaron ahogando en la tinta
de todos los poemas que te escribí.
Los   hundiste   antes   de   llegar   a   tu   puerto.

Dejamos de señalar en los mapas los sitios
donde cobijarnos de ese maldito frío
que ampara a la soledad y a las cadenas.
	Y qué difícil fue entender
que nos convertimos en el propio invierno.

Prometimos querernos donde nadie más lo haría.
Quisimos visitar todos los lugares
que incluso no existían y nos acabamos
	colonizando el uno al otro
a base de cañonazos.

Cayeron tus muros y dejaste de abrazarme.
Cayó mi torre del coraje y acabó por silenciarme.

Ahora, esos mismos cañones celebran el día
de la independencia de nuestro régimen;
cantan de alegría porque ya no son nuestros esclavos.

Quién iba a pensar, después de todo,
que alguien acabaría gritando *PAZ Y LIBERTAD*.

Dejamos de recorrer
los continentes de nuestros labios
y dejamos que los separara este mar de dudas
que intentamos vaciar con la lengua,
pero nadie nos enseñó a nadar en nuestra propia saliva.

—Mi mar comienza donde termina tu orilla—, te decía
	cada noche.
Pero los dos nos enredamos en aquella barrera de
	espuma:

una barricada que marcó la revolución de unos cuerpos
que terminaron quemando todos nuestros tratados de paz
que faltaban por firmar:

—Que ardan nuestros nombres y sus letras.
Que arda el papel mientras anida el fuego en nuestras
    córneas huecas—.

Desde aquel instante, ya nunca más
volví a levantar tu bandera.

Ya sonó la alarma,
por última vez,
aunque nos hiciéramos los locos
y pensáramos que la música
no iba con nosotros.

Amor mío,
desde el principio,
esa alarma
fue nuestra canción.

A DOS LENGUAS DE DISTANCIA

—¿Por qué me miras así?—

—Porque
estamos
a
tan solo
dos lenguas
de distancia

y   aun   así   nunca   te   he   sentido   tan   lejos—.

ADIÓS A LAS FLORES

Aquí,
todo se mantiene igual.
Nuestra serie parada en el minuto
en el que la verdad y la realidad
superaron a la ficción.

El grifo en la cocina
llorando como canción de fondo,
colocándose el número uno
de la lista de la radio.

—¿Hacia dónde se fueron los acordes
de nuestros dorsos sinfónicos?
¿Cuándo dejamos de escucharlos?—.

Fotos amarillas en una caja de madera
con la fecha en que empezamos a salir,
junto a la fecha en la que salí de tu vida.
Y tú de la mía.

No es la lápida más bonita del cementerio,
pero, al menos, tuvimos el detalle
de dejar nuestra inscripción:

Estos somos tú y yo
y ya no seremos.
¿Pero acaso, alguna vez,
realmente fuimos?

El gotelé de mi habitación
se desliza en llanto hasta el suelo
con una cuchilla

entre
los
dientes
matando
a
todas
las
flores

que observábamos desde mi cama;
todas esas formas de promesas
que nos gritamos tanto y sin sentirlo
que nuestros corazones se quedaron sordos.
Nadie   nos   oye   ya.

Adiós   a las rosas.
          Adiós   a la flor de la pasión.
Adiós   a los nomeolvides.

Y ahora
en este mismo suelo habito.

Luchando contra el frío
          que ha causado
tu ausencia,

quemándome
con los pétalos
de
tu
incendio
floral.

II

EL ARTE DE ECHAR DE MENOS

Tan solo somos restos de los que dejamos atrás.
Y los restos sobreviven incrustados en cada poro de la piel.

Sucede como con el tiempo: nunca mueren.

Me he mudado al vacío que dejaste
porque es el único resquicio
de mi vida que aún
huele a ti.

ESTA NOCHE CUANDO LA GUERRA EMPIECE

*Aún vives un poco porque
yo te sobrevivo.*
MARGUERITE YOURCENAR

Que me digas una y nos vamos.
Que las sábanas nos estén esperando.
Que se produzca la colisión
entre tu mundo y el mío.
Una guerra de pieles
en la que podemos ganar los dos.

Que me asaltes.
Que me arranques la camisa
que tapa mis inseguridades
y me quites el casco que recubre
lo que me queda de inocencia.

Que me apuntes con tus labios
y me dispares besos que cosan
las heridas de contiendas pasadas:

—las nuestras, mi vida—.

Que después de la batalla,
nos demos una tregua.
Que te atrincheres en mi piel
como quien ha vivido
la guerra sin conocer la paz.

Y te quedes ahí.

—Solo ahí—.

Ya no mido el tiempo
en minutos,
sino
en
veces
que
te
pienso.

Y llamas a la puerta
de mis pensamientos
tantas veces,
que ya llevo una vida entera
viviendo
en
el
futuro.

Y SI TE DIJERA

Dentro de mí hay algo que nunca alcanzaré
y fue hermoso perseguir contigo.
BENJAMÍN PRADO

Y si te dijera que no puedo pasar página
porque mi libro solo habla de nosotros.

Y si te dijera que el eco de tu voz
sigue apuñalándome el costado.
Que aunque me grite a cada instante
desde que te fuiste sin hacer ruido,
sigo rezando para se quede justo ahí,
para que nunca deje de escucharla.

Y si te dijera que sigo susurrando tu nombre
cuando sueño con los ojos abiertos.
Que se derrumba el cielo de mi boca
sobre palabras que no han conseguido llegar a la orilla.
Que las han engullido mis mares revueltos
cuando buscaban la calma de los tuyos.

Y si te dijera que eres la salvación
de todos mis desastres.
Que caigo en las grietas que provocaron
los   terremotos
      de   mis   malas   decisiones.
Que los temblores de mi mundo
han hecho que mi alma se despoje de mi cuerpo
y que yo solo no sé unir los pedazos.

Y si te dijera que vida solo hay una,
pero que la mía quiere comenzar de nuevo
porque cuando abre los ojos,
tú ya no estás ahí.

NO CIERRES AL SALIR

Fui en tu busca
hacia aquellos instantes
en los que eras cobijo
y no castigo
y me he mudado
a tu recuerdo.

Pero cerraste
tan fuerte al marcharte
que dejaste la puerta atrancada
y ahora no consigo
salir de aquí.

NI TINTA NI AMOR QUE DARME

Sacarme fotos con libros
no me hace mejor poeta.
Ni marcar mis libros
con nuestras fotos
me hace mejor amante,
ni hará que vuelvas aquí conmigo.

Pero es la manera que tienen
mis letras de vivirte.

No sé cómo decirles
que ya te has ido.
Ni saben ellas hablar de otra forma
que no sea la tuya.

No escribo en prosa porque
no tengo fuerzas.
Ni tinta.
Ni coraje.
Ni amor.

Hablo lento y en minúscula
y escribo en voz bajita
para que las pocas letras
que me quedan no se vayan.
Para que no me vaya.

Solo es verso
lo que les puedo ofrecer.
Y ellas a mí.

Tampoco puedo pedir más
a este libro de segunda mano
que bombea tímidamente
y que tiembla agarrándose
a mis costillas,
—o lo que queda de ellas—,
tras amortiguar tanto golpe.

A este libro que tiene clavada
tu mirada: la que desconocía
          y que ahora no puede borrar
ni desincrustar de su cuerpo de papel.

Un puñal a modo de marca-páginas
en el mismo prólogo
que un día le dedicaste.

Me gustaría seguirme escribiendo,
pero cada verso que escribo
          empieza con la inicial de tu nombre.
Cada vez que rompo a recitar,
aludo al nombre de tu calle, al de tu perro,
          al de los hijos que tendrás ya
con alguien distinto a mí.

Me sale ponerle música a tus pasos
al llegar a casa después de trabajar.

Tan solo me sale ponerle voz
a esas mismas agujas del reloj del pasillo
que siempre acaban marcando *en punto*:
Justo hacia la puerta donde tuve
                                  que
                                  decirte
                                  adiós.

III

LIBERACIÓN

Huir es emprender un viaje desde el final.

Sálvese quien pueda.

Con el paso de los días y los meses, voy entendiendo que volver
a tu lado
sería como tropezar dos veces con la misma piedra.

Y esa piedra ya la lancé muy   lejos
y erosionó en libertad.

EN LO MÁS ALTO DEL PODIO

*La duda es el siniestro premio
que se obtiene por mirar hacia atrás.*
RAQUEL LANSEROS

Te subí a ese pedestal,
a ese donde mi orgullo no alcanza
y tú solita te pusiste
todas las medallas
en la carrera de no quererme.
De no cuidarme.
De no sentirme.
De no regarme.

En eso, no me cabe duda,
te mereces todos los premios;

—siempre se te dio bien
mirarte por dentro
y escupir hacia fuera—.

Tengo
las yemas de los miedos
en carne viva
de intentar subir
por una cuerda hasta ti,
pero no logré alcanzarte.

Siempre me acababa cayendo,
quemándome esta misma piel

que un día ardía por ti.
Cruel ironía.

Esa misma cuerda
acababa enrollándose
en mi cuello y me ahogaba.

Cuanto más te quería,
más me apretaba,
como si quisiese exprimir
todos los versos que me quedan;
los que se esconden de ti
aquí en mi boca y temen saltar
desde la punta de mi lengua
y caer en la tuya.

—No se merecen morir así;
no mereces que mueran por ti—.

Pero en el fondo sé que
aunque llegase ante ti,
a una de tus mentiras de distancia,
me seguiría abrazando la soledad;
y yo a ella,
como quien acepta el destino final
y corre hacia la luz porque no se ve por dentro.

En el fondo sé que
quiero más a esa cuerda
que me separa de ti,

porque sus abrazos,
aunque duelan,

siempre serán
más sinceros
que los tuyos.

Aprendí
que para
que mis raíces renacieran,
tenía antes
que arrancar
las tuyas.

UNA BALA

Gasté
tantas balas de afecto
disparando al aire
y a ciegas por ti,
que ya tan solo
me queda una.

Ahora ya no sé si bajar el arma o matar
de un disparo al amor para
que no vuelva
a llamar
a mi
puerta.

-TOC, TOC.
-PUM.

DESNUDO

¿Pero qué es más fuerte que el corazón humano,
que se destroza una y otra vez y aun así sigue viviendo?
RUPI KAUR

Me dejaste desnudo,
como quien vacía un plato
tras haber estado sumido eternamente
en una huelga de hambre;

—hiciste tuyo el come todo lo que quieras—.
Te alimentaste de las pocas
fuerzas que me quedaban,
pero supe reconstruirme a partir
de las migajas que cayeron al suelo.

Me dejaste desnudo de besos
en mis muñecas.

Pero sin ellos he aprendido a medirme
yo solo las pulsaciones
y mi dedo índice ya no busca
tu dedo corazón para tomármelas.

Así que desde aquí, te doy las gracias,
porque cuando te fuiste,
me di cuenta de que ya no te necesitaba
para seguir latiendo.

ÚLTIMO FAVOR

Te pido un último favor:

finjamos con una careta impostada en las entrañas
    que nada ha cambiado.
       Que seguimos sumados en la misma inercia
del vacío de dos personas que se creen plenas.

Acércate a mis precipicios,
    aunque ello te aleje de tus principios
y desprotejas tus fronteras.

Hazme cosquillas en la cabeza,
como solías hacer antes,
    mientras yo te hago creer
que mi felicidad revive en tus manos:

q u i e b r a   d e   r i s a

este pensamiento gemelo
de tu forma de usarme
que me quiere enterrar en vida.

O mejor aún,
    ven aquí y llévatelo contigo
sin dejar ningún resto.

Porque por mucho que le insista,
    por mucho que le castigue,

nunca me escucha y siempre acaba
preguntando por su madre.

Total,

no sería la primera vez que vinieses,
te asomases
y
    me vaciases
                por
                    dentro.

Quiéreme bien,
pero sin malas maneras.
Quiéreme fuerte,
pero no me rompas.
Quiéreme con todas tus ganas,
pero no extingas las mías.

Y si no es así,
no lo hagas.

POLVO

Ahora yo soy polvo en ti
y tú eres polvo en mí.
Pedazos imperfectos que flotan
besando con lengua
al silencio más lascivo.

—Polvo somos y en polvo
nos convertiremos cuando acabe
nuestra historia—, decíamos.
Eres polvo en mi ropa.
Eres polvo que se instala
como una muesca
de mentiras en mi pecho.

Y seguirás siendo esa humareda
de partículas de engaños
que me tapa los ojos,
hasta que alguien desconocido sople
y se desvanezca el mundo
que conoció de tus raíces mustias
este mismo cuerpo
que le cuesta
                    tanto
reconocerse.

Hasta que sople en mi cuello
y su aliento se columpie
por mi espalda
para curarme de ti

y desdibujar cada atisbo
de tus huellas dactilares.

Solo entonces
dejarás de ser polvo.
Y yo abriré los ojos.
Y cantaré mis intenciones sin ti;
todos los pecados capitales
que me muero por cometer.

—¿Podré con ello ahora vivir-me?—

¡S O P L A!

Y gritaré tu nombre a viva voz,

desvelando mi secreto y el deseo

de matar lo que queda de ti,

para que no vuelvas

a cumplirte.

Sopla...

IV

CONSUELO

La esperanza es el prólogo de la vida.

Dicen que la esperanza
es lo último que se pierde.

Pero, ¿y si no tenemos?
¿Por qué nadie nos habló de cómo
y dónde encontrarla?

EL TIEMPO NO LO CURA TODO

Porque tú crees que el tiempo cura
y que las paredes tapan, y no es verdad; no es verdad.
FEDERICO GARCÍA LORCA

Hay veces que mi cama
se cansa de mi presencia
y llama a los monstruos
que habitan debajo de ella,
por mera diversión.

Deja de ser la cuna de sueños
que me narraba aquellos cuentos idílicos,
esos que ahora veo improbables
que traten sobre gente como yo.

Las sábanas me asfixian
en esta prisión de seda
y me estrangulan,
como si mi cuerpo estuviera
prensado al vacío,
lo que hace que perdure más en el tiempo
y alarga su fecha de caducidad,
aunque este no quiera.

He librado tantas batallas aquí tumbado
que no hay libro de historia
que pueda abarcarlas todas
sin cortarse con una de sus páginas
y bañarse en su sangre,

del mismo temblor que le provoca
la guerra que libran sus propias letras,
incapaces de conformar la palabra paz.

He aprendido a sanar y coserme las heridas
con los trozos de tela
que han arrancado esos mismos monstruos
y que han esparcido por el suelo.

Me coso con el hilo de las sábanas
y uso como aguja el tiempo.
Delgada línea afilada y fría
que congela los mares
que nacen de ese atisbo de calma y paz
que aún suspira por mi piel.

Con ello, he aprendido
que el tiempo no lo cura todo:

—el tiempo solo duele—.

CUANDO TERMINE LA SEQUÍA

Hace tiempo que sucumbí en un abismo
que nace, crece y muere
en lo más profundo de mi interior,
creando un bucle infinito que
se repite cada día.

Se alimenta de los miedos que gobiernan
en este reino mío de tristeza.
Un reino de sombras sin gentes que lo habiten.
Sin nada ni nadie que lo ilumine.

No hay quien quiera caminar
por estas calles marcadas
por los restos de las últimas lágrimas
que caminaban en la cuerda floja
y que terminaron saltando al vacío
desde la cornisa de mis ojos.

Dejaron sus cuencas secas, sin que otras lágrimas
pudieran llegar a regar el jardín de mi piel,
ya marchito y carente de flores.
Parece estar sumido en una eterna sequía
en busca de un pequeño resquicio de vida,
un brote de esperanza.

Se ha convertido en un cementerio
de ilusiones y sueños frustrados.
Cada sueño, una lápida.
Cada lápida, una cicatriz.

Y ahora hay tantas que apenas
puedo dar un paso sin toparme
con una de ellas sin caer al suelo.

Lúgubre cementerio
que reina en mi piel,
como lúgubre esta soledad mía
que tanto me pesa.

Hasta mi reflejo del espejo se ha ido.
Mi yo más risueño me ha abandonado a mi suerte,
pensando que puede encontrar una suya propia.
Y no le culpo, ya que siempre he sido el más cruel
y despiadado de mis enemigos.

Esa parte de mí se despojó de este cuerpo
deteriorado por la desconfianza.
Quería tomar decisiones sin vivir con el miedo de
    alimentar
con ello a la fauna salvaje que acecha en mi pecho.

Tiene ese apetito por la vida
y la sed de beber de su fuente
que yo no he sabido aún encontrar,
pero que sigo buscando como agua de mayo.

Me pregunto si, algún día, dejaré de ser la ola
que destruye mis propios castillos de arena.
Si dejaré de vomitar toda la espuma
de odio sobre mis cimientos.

Quiero bailar con el dolor en la plaza de mi soledad.
Que me indique los pasos que debo seguir
para no tropezar con ilusiones perdidas
y poder así, ganarme su confianza.

Quiero sentar en un banco a la esperanza,
despojarle de sus zapatos pesados
por el barro mugriento del camino
y cogerla de la mano para que baile
conmigo, descalza y libre.

Quiero derrumbar las paredes
de esta ansiedad que me oprime el alma.
Quiero llenarlas de color, pintarlas
y devolverles la luz de primavera
que yo mismo tapé con tonos invierno,
dejando mi corazón a oscuras.

Quiero ver el lado bueno de las ~~cosas.~~
rosas

Aprender a escalar por sus espinas
sin cortarme las manos y que al llegar a la cima,
descubra la parte de mí
        que aún está dispuesta a conocer
el rostro libre y puro de la vida.

EL ATARDECER LLEVA MI NOMBRE

En las profundidades del invierno, finalmente,
aprendí que en mi interior habitaba un verano invencible.
ALBERT CAMUS

No sé cómo, pero ahora,
hasta los atardeceres huelen distinto.
Parece que el cielo
es el único que me entiende
y va cambiando de tono
según mi estado de ánimo,
como quien cambia de ropa
según el tiempo.

—Hoy no hace excesivo frío—.
Creo que se ha convertido
en mi mejor amigo.
Me abraza con su tono rosa malva
al lanzarse, sin cuerda, valiente,
la primera lágrima hacia mis mejillas
en los días más difíciles.

Y me acoge en sus hoyuelos
de color turquesa
cuando no puedo empujar la puerta
para dejar pasar toda la luz.

Siempre que miro hacia arriba,
se me olvida por un instante
lo que tengo bajo mis pies;

los escombros que piso
y las calles en ruinas
que voy dejando atrás.

Tal vez, me refugie en el cielo,
en sus vivos atardeceres,
porque es el único mundo
cuya esencia no puede
controlar —ni envenenar— el mío.

Porque este mundo mío
que no descansa,
que no anochece,
se pierde,
—y se encuentra—,
en la inmensidad de las nubes
y se deja besar en la frente
por el sol cuando se marcha
para así poder dormir.

DIOS DE LOS MARES

A mi abuelo

Es verdad, no es un cuento: hay un Ángel Guardián
que te toma y te lleva como el viento
y con los niños va por donde van.
GABRIELA MISTRAL

Abuelo,
¡cuánto frío se pasa en la playa
cuando cae la noche fuera de tus brazos
y qué infierno no volverlos a sentir!

Ojalá plegaras tus velas y me acompañaras,
aunque sea una última noche,
pero eterna y plena.

No tengo fuerzas para desatar el nudo
que hiciste para amarrar tu barco,
tal vez a propósito,
para que no saliera a buscarte.
Anclado al más oscuro más allá,
como mi dicha al no sentirte cerca.

Cada vez que rozo el timón con la yema de mis dedos,
el viento me grita con su voz eléctrica y severa.
Atrae tormentas que empapan todo atisbo de esperanza
de que el invierno desenvaine su gélido arpón
y te libere, devolviéndote aquí conmigo.

El mar brama y me recuerda que no sé nadar en este oleaje
de tristeza que ahoga y engulle a mi duelo.
Me advierte de que, si parto,
me envolverá bajo su red inmensa y sombría.
Negra, como el color de este miedo mío que nace de tu ausencia.
Fría, como el acero de otros barcos que sucumbieron a sus encantos.

Intento cumplir con la promesa que te hice antes de que partieras,
de no hundirme en mi propio llanto, de remar fuerte
entre esta corriente de lágrimas salinas
y luchar bajo la tormenta.
—¡Pero abuelo, es tan difícil!—

Te juro que lo estoy intentando.
Me queda el consuelo de que, aunque la pesadilla no amaine,
sigues aquí conmigo achicando mis penas y abordando,
bravo capitán de navío,
a la soledad que lidera el motín en la cubierta de mi alma.

Esta mañana, la brisa del mar ha trepado por mi ventana
y me ha dicho que los vientos de Levante y de Poniente se han
    reconciliado
y que se han besado delante de todos en el puerto.
No lo he podido ver, pero he podido sentirlo.
—Abuelo, ¿acaso eras tú?—.

También me ha dicho que la niebla ya no sitia las casas,
que se ha aburrido de jugar a perseguir a los barcos
y que han podido volver con miles de historias que contar.
Aún sigue tu leyenda aterrando a piratas y bucaneros.

Es esa misma brisa que me despertaba por las mañanas
para avisarme de que estabas al llegar.
Divisarte por encima de las olas, triunfante.
—¡Oh, Dios poderoso y azote de los mares!—

El puño hacia arriba tapando el sol en el horizonte,
esbozando la sonrisa de la victoria por las batallas
que ganaste a todos los monstruos
que no me dejaban dormir.

Todos los días me embarco en ese recuerdo.
Surco tu piel y me zambullo en tu pecho.

P   u   m,   p   u   m.

Escucho el mismísimo latido del mar.

P   u   m,   p   u   m.

No hay mapa del tesoro que no me lleve a tu regazo.
Solo aquí puedo nadar sin ahogarme.

Solo
aquí
hago
pie.

V

RENACER

Venimos al mundo llorando.

Revivimos riendo.

A Virginia

Quererse a uno mismo
es como hacerle el amor
a los huecos que otros
no supieron llenar.

INTERMITENCIA FINITA

A veces,
soy un perfecto desconocido para mí mismo
y otros días me da vergüenza reconocerme
frente a mis pasos y a mis decisiones;
—pero me prometí trabajar en ello—.
A veces,
tengo miedo de pedirle una segunda cita
al chico que aparece en mis fotos de hace un año;
el mismo que escribe estos versos.

—Cualquiera se enamoraría de esa sonrisa—, decían.

Cualquiera podía verlo menos yo mismo
porque tenía entre reja y reja perder contra mis párpados
en ese juego de mierda que te propone la vida.

Tengo dudas de si ya no le gusta mi peinado
o vio algo en la primera cita que no le convenció:
mi forma de hablar, de vestir, de vivir.
Miedo de si no vuelve a fijarse en mí
y busca el amor fuera.

Siempre queremos compararnos y nos contagiamos
de ese dichoso virus que se nos mete en el cuerpo:
querer dejar huella cuando aún no nos hemos
limpiado del costado la marca de nuestras propias pisadas.

A veces,
tengo miedo de que el llanto ya no me riegue.

Creo que todo sería más bonito si pudiéramos llorar colores.
Al menos, al terminar de hacerlo, no estaríamos tan apagados,
—aunque es cierto que, en parte,
llorar nos hace ver la luz—.

Tengo miedo de verme en el espejo,
pero ahora ya puedo controlar, de puntillas pero sin pausa,
a esta ciudad que sigo teniendo aquí dentro.

Esta ciudad que sufre apagones intermitentes
porque tengo deudas y algunos meses
no pago la luz a tiempo.

Una que tiene calles en las que cuelgan carteles
de «*SE BUSCA NIÑO PERDIDO*»,
porque a veces no me encuentro.
Museos cerrados porque hay días
en los que no pinto nada en ninguna parte.

Casas sin puertas
porque sigo buscando
un portal que no sea cárcel.
Un número que no sea negativo.
La propia elección de partir de cero
y unir mis mitades.

Un hogar donde enmarque caricias
y no tenga que marcar con una equis
todos los puntos de mi cuerpo
donde no me han besado.

—Verás, ya no queda sitio
ni para mí,
salvo en las yemas de mis dedos meñiques—.

Solo basta que se besen
y que cumplan la promesa
de sanar este cuerpo deteriorado.
—Repito: prometo que lo estoy gestionando—.

Lo mejor de recibir tantas pisadas
es que por mucho tiempo me he creído
el propio suelo y en cada una de sus líneas
han brotado mis arterias.
Unas raíces que rompen todo a su paso
para conseguir arreglarme por dentro.

Con todo,
he entendido que lo importante
no era ir, sino saber quedarse:

—no hay mejor lugar en el mundo
que uno mismo—.

REHACERSE

Dejarse vencer por la vida es peor
que dejarse vencer por la muerte.
JULIA DE BURGOS

Rehacerse es aprender a no darse
a uno mismo por hecho.

Entender que el pasado no es un condicionante
y que el futuro se escribe en perfecto simple.

Rehacerse es entender
que la caída
        es el principio y no el final.

Que desde el suelo, roto en pedazos,
también se puede romper a vivir.

Rehacerse es revelarse y aceptar
que los muros ya no caben en mi llanto.

Que mis lágrimas, una a una,
han acabado erosionando
        la roca que me impedía avanzar
en un viaje que siempre será   m í o.

Mis miedos
me clavaron
sus
puñales
por la espalda.

Pero me los arranqué
y los escondí
en el fondo del cajón
por si volvían.

MAR DE PROSA

Aunque siga caminando a pequeños versos, hoy he vuelto a correr en prosa, porque mis letras ya no se esconden y quieren mojarse a la luz del sol y secarse bajo la lluvia; ¿o era al revés? En cualquier caso, necesitan su tiempo para situarse aquí y para fluir de nuevo en bloque e ir cogiendo fuerza: el mar no lo compone una sola ola, ni el mundo se conforma de un solo continente; creo que lo empecé a comprender.

Entendí por qué dolor y distancia empiezan por la misma letra. Pero hablo de la distancia con uno mismo: la más dolorosa.

Entendí que me quiero cerca de mí, que me quiero abrazar por dentro y que no me quiero echar de menos. Quiero guardarme como a un tesoro o como esas fotos que no llegas nunca a publicar, las que te reservas para ti, esas que no generan interacciones insípidas, sino latidos.

No quiero cerrarme puertas ni tampoco temer a abrirlas; no preguntarme qué hay detrás. Quiero dejarme llevar en esa corriente donde vagan los «pero», los «porqués», los «y si». Quiero romper la hucha y vivir las ganas que llevo ahorrando y que han estado viviendo a oscuras ahí dentro durante tanto tiempo que me faltan vidas para contarlas.

Quiero mirarme al espejo y no sentir que me he ido. Entender que no se trata de quererme, sino de no poder evitarlo. Quiero abrirme en canal a las interrogaciones que se encadenan en mi cabeza sin tener respuestas, para volver a sentir el vértigo en el estómago. No volver a preguntarle a esas mariposas tímidas que viven ahí dentro: ¿seguís ahí?

Quiero que el reencontrarme se convierta en religión y no volver a rezarle al miedo y poder pronunciar su nombre. Quiero saber convivir con mis fieras, no encerrarlas en jaulas y poder educarlas para que no devoren mis ganas de seguir luchando. Que guarden mi cama y no se escondan debajo. Dejar que me defiendan cuando las bestias de otros intenten vivir en mi herida. Que muerdan por mí; que mueran por mí. Soltarlas de su correa y que lleguen lejos y más lejos, siempre y cuando sea conmigo. Que la distancia que las separe de mí sea la misma que la de un auto-abrazo.

Quiero correr por mis dunas sin que me trague la tierra. Rodar por ellas y sentir la arena en cada milímetro de la piel. Que me raspe lo justo para recordarme que sigo aquí, que sigo entero y que no me iré.

Mi piel ha sabido entender la teoría de la evolución de Darwin y ahora me abraza una nueva forma de mí mismo, no esa copia barata que vivía en estado vegetal en un despacho firmando papeles y poniendo su sello a todo lo que no le convenía y hacía perecer lentamente.

Ahora esta misma piel mece el dolor, el daño y ya no me afecta lo que vendrá después: ni la lluvia ni la tormenta.

¿Qué daño va a hacerme la lluvia, si ya me convertí en un mar?

VI

LUMINISCENCIA

El amor ni se crea ni se destruye, solo se transforma.

Volver a amar es como cruzar la calle.
Miramos en dos direcciones para ver
de dónde nos puede venir el golpe:

si por la herida que aún no hemos cerrado
o por la que, quizá,
estamos a punto de abrir.

DIENTES DE LEÓN

Cuando no te lo esperas.
Ese es el momento perfecto.
PATRICIA BENITO

Quiero que me mires
y que vuelva el brillo
salvaje de mis ojos.

Que vuelvan a brotar
sus pequeños dientes
de león.

Que les susurres al oído
que volverán a tener colmillos
y que ya no son la presa.

Diles que, por fin,
volverán a reinar
en su selva.

PUSISTE LAS TIRITAS

Pusiste las tiritas
en heridas que siempre
amenazaban con abrirse
y por las que se asomaba
mi miedo a perderme
en caminos
que tenía miedo a pisar.

Seguía teniendo recuerdos
que hacían reverencias al dolor
que me atravesaba la garganta
cada vez que respiraba:

—quién le iba a decir a la nostalgia
que tendría problemas de espalda
de tanto inclinarse ante el veneno ajeno—.
Pero como venganza, me apuñalaba
poniéndome una venda en los ojos
y me impedía dar más pasos
con unos pies que sentían ya todo
el peso de todos los problemas
que no sabía combatir
y que se hicieron tan grandes y cercanos
que se convirtieron en mi residencia habitual:

un hogar de cuatro paredes
sin ventanas,
que se iba inundando poco a poco
acallando mi voz hueca
hasta toparme con el techo
de mis inseguridades
y ese sentimiento
de no estar viviendo,
de no ser suficiente,
de no merecerme estar bien
de
c
a
e
r
en sueños rotos con los que
mis escasas victorias se cortaban y se vaciaban
al intentar abrazar a los añicos de cristal
que me esperaban en el suelo,

porque era lo único
a lo que podía agarrarme,

antes de que llegaras tú.

PRINCIPIO

No.
No quiero que me cierres las heridas.

Quiero
     que
         te
           asomes
               a
                 mi
                   dolor

y que con esta pluma de mis alas rotas
escribas en permanente
y en mayúsculas
en mi espalda:

DÍA 1 SIN ACCIDENTES

EN LA COMISURA DE TU BOCA

Si quieres besarme, besa.
Yo comparto tus antojos.
ALFONSINA STORNI

Solo pienso en besarte,
como quien rebobina la cinta de su vida
porque quiere volver a nacer
cada cierto tiempo
para hacerle el amor a las primeras veces
y negarle la cama al último adiós.

Podría alimentarme de otros besos
y vivir en otras bocas pero es que sé
que solo quiero reencontrarme
con la tuya.

—¿Será por eso que cuando
me muerdo los labios
siempre me saben a los tuyos?—

Cuando veo la comisura de tu boca, pienso:

—¿Cómo puede caber la vida
en un mundo tan pequeño?—

No sé cómo hacerte entender

que no querer vivirte es un imposible
hasta que me demuestres lo contrario.

Mi amor,
desde hace tiempo,
        vas perdiendo el juego.

Pero, con ello,
        me has ganado a mí.

TODO LO DEMÁS ES RUIDO

El frío
ha llamado a mi puerta,
le he abierto y le he dicho
que esta noche no podrá ser.

Que estaré contigo.
Que hoy no saldremos a jugar a la calle
y que tampoco le haré un hueco
en el otro lado de la cama;

—esta vez no—.

Le he dicho
que esta noche me quedaré
en el cálido hogar de tus besos.

Que quiero quedarme dormido
leyendo las pecas
que
    flotan
       en
          la
            partitura
        de
      tu
    pecho.

Que lo único
que quiero escuchar es la música
que emerge de ellas
y
que
todo
lo
demás
es
simple
ruido.

ENREDOS

Si quieres nos tropezamos y lo llamamos destino.
ELVIRA SASTRE

Tenías un cartel de peligro
en esos ojos salvajes,
      pero me asomé por la rendija de tu puerta
y por las ventanas con vistas a tu boca
y me dejé invadir por un deseo irrefrenable
de volver a vivir de nuevo.

Deseo susurrar a tu espalda
con cada línea de mis manos
      para hacerle saber
que a ambos les corresponde
el mismo futuro.

Arañarte con tanta fuerza
que se quede incrustado
      bajo mis uñas
un pedacito de tu piel:
una parte de ti que sea hoy
y que no tenga un atisbo de oportunidad
de decirme *a d i ó s* mañana.

Quiero sentir tu cuerpo
como quien intenta salir de un ataúd
      tras haber sido enterrado con vida.
Como quien quiere tocar el cielo
sin ser creyente.

Ese cielo que tiene cautivos
a todos mis rezos ateos.

El que predica sin jaulas:
ese cielo en el que vuelan los lunares
 que hacen escala en tu cuello y aterrizan
en todo lo que tengo.

En todo lo que soy.

Ese cielo en el que se enredan mis dudas.
Se enredan en ti mis inseguridades,
 porque han entendido, al fin,
que eres el camino y la única salida
de todos sus laberintos.

Se enredan
las amargas despedidas en las sábanas
donde se funden nuestros cuerpos.
Donde fundamos nuestro
propio continente:
 ese lugar al que siempre acudir
cuando no sabes dónde quedarte.

Me enredo yo
en los pétalos de color negro ovalados
que se acomodan en tu lado de la almohada
cuando te marchas.

Sin letra pequeña.

Y es justo ahí,
     entre el negro de tu pelo
y el blanco de las sábanas

donde   siempre   te   busco.
Donde   siempre   me   encuentro.

Nunca fui de leer,
hasta que leí tu nombre
en la línea del futuro de mis manos.

CÓMO DECIRTE

A Ana

Y de pronto llegará alguien que baile contigo
aunque no le guste bailar y lo haga porque es contigo y nada más.
JORGE LUIS BORGES

Tengo que celebrar que mi corazón
ha salido por fin de su zona de confort
y que ha encontrado otra en el tuyo.
Y ya no quiero convencerle para que salga.

Cómo decirte que ya no me van
esas típicas preguntas de enamorados.
Que no sé responderlas como los demás,
y que tampoco quiero.

Que si me preguntas por mi color favorito,
siempre te diré que me quedo con el color
del que pintas las paredes de mi habitación
al llenarlas de esa luz que desprendes
con solo aparecer por la puerta.

Que si me dices que elija un país en el mundo,
te diré que te asomes a mis ojos
y que veas el reflejo de las flores
que se funden a besos en tu pelo,
y que en sus pétalos reside el único sitio
que quiero visitar en este planeta.

Que lo mejor que le pudo pasar a mi mundo
fue chocarse con el tuyo.
Que pueden convivir juntos y también revueltos,
sin por ello eclipsarse el uno al otro.

Cómo decirte
que me has hecho conocer
ese color especial de Sevilla
del que tanto hablan.
Que Triana a tu lado huele a rosa mojada
cuando lloran las nubes en pleno abril.

Hemos soplado velas al ritmo de sevillanas
y hemos bailado con nuestros complejos
con los pies cruzados
y los zapatos cambiados.

Me he mudado contigo a las nubes
a las que damos formas tumbados
mientras el tiempo juega al escondite
con los problemas.

Hemos jugado como críos a hacer el equilibrio
en los bordillos de los miedos
y nos hemos reído de ellos,
sin importarnos tropezar una y otra vez.

Quiero por siempre morder tus precipicios,
hacerlos míos
    y devorarlos cuando te acerques a ellos,
para que cuando caigas,
    sea menos dolorosa la caída.

Verás,

es que te miro a los ojos y pienso:

Tengo   toda   la   vida   ~~por~~   delante.

VERTE, QUE QUIERO VERTE

A mi Madre

Mamá,
tus manos apaciguan todas mis guerras y les hablas
hasta dejarlas dormidas, como solías hacer conmigo.
Ojalá pudiera luchar contra el tiempo,
arrancarle las agujas al reloj,
hacer con ellas una baliza para que se detenga,
o clavarle una de ellas en el corazón
para que deje de bombear los segundos
y cese así de dibujarte las arrugas
que desembocan en tus hoyuelos.

Asegurarme de que ya no va a vivir en ti.
Parar el miedo a perderte.
El miedo a que mañana no me despierte una llamada tuya.
        El miedo a no sentirte.
El miedo a atravesar puentes y que no estés al otro lado.

Tengo la suerte de poder decirte
que mis mariposas nacieron en tu vientre
y volaron hacia el mío.
Y siguen volando cuando sonríes
        y sonríen cuando vuelas.
Y se abren cuando te veo
        y te buscan cuando no te pienso.

Siempre dices que tienes el privilegio de haberme parido,
pero yo tengo el privilegio de poder vivirte todos los días
y no esperar al día de la madre ni a que cumplas años
para poder escribirte,
para poder celebrarte.
Para eso, te quiero aquí conmigo,
a una regañina de las tuyas de distancia:

—por favor, no te alejes mucho—.

Qué injusto sería decir que me diste a luz,
porque me la sigues dando y me la darás siempre.
Porque te arrebatas la tuya para poder hacer más grande la mía.

—Mamá, ¿cómo consigues que nunca me apague?—

Hiciste del verbo nacer la mayor de las virtudes,
porque todo lo que soy nació de ti y contigo:

siguen naciendo mis ganas cuando atraviesas la puerta.
    Sigue naciendo mi niño interior cuando me besas la frente.
Siguen sonrojándose mis latidos cuando ríes a carcajadas,
    porque no hay acorde en Andalucía que les haga sombra.

Mamá,
me gusta cuando hablas,
    porque estás presente
y el silencio ausente.
Me gusta cuando callas,

porque me dejas ser valiente;
como subrayamos en el libro
           de Neruda que te regalé
un 25 de mayo.

Me gusta cuando lloras
cuando lees a Lorca
y nace de tu rímel corrido
           la playa más bonita
sobre la que pueda escribir.

—¿Igual es por eso que me gusta tanto el mar?—

Siempre insistes en que me merezco
todo lo bueno que me pase; lo mejor de la vida.

—¿Pero aún no entiendes que lo mejor de mí
está ahí, acurrucado siempre contigo?—

Mereces que te recite todos los poemas
que hablen de lucha y empoderamiento.

Todos los poemas sobre besos y amores reales,
de amor incondicional, de superación y sacrificio.

Mamá, hacemos un trato:

—yo pongo la voz, tú pones el sentido—.

SEGUIRÉ

A Tania y Sara

Seguiré rompiendo las ventanas
de tu dolor con el fin de que entre
la luz del sol y quieras salir a jugar
en los días de niebla.

Seguiré desabrochándote
la camisa de fuerza que te impide
remar entre tus lágrimas
y te prestaré la mía;
esa que te llega a las rodillas
y que hace que roces la perfección
sin ni siquiera buscarlo.

Seguiré siendo la brisa
que respiras cuando tus pulmones
se agarren de miedo por falta de aire.
Me encadenaré a tu cuerpo,
tu pecho contra mi pecho,
para que tu corazón entienda
que la voz de tus latidos
es la única razón de los míos.

Seguiré atrincherado en tus recuerdos
para que no te abandonen en tus batallas
y haré de mástil de tu bandera blanca
cada vez que necesites una tregua.

La quemaré si hace falta para que
no llegue el día en que te rindas.

Seguiré siendo el hilo
que te sostenga cuando te sientas cometa
en la tormenta de tus nervios.
Que el viento sople lo fuerte que quiera,
porque cogeré de tu mano
para que ya nunca tiembles sola.

Seguiré llenando cada resquicio
de vida latente de todos tus vacíos
y desde ahí dentro lideraré contigo
todas y cada una de tus revueltas,
para abatir a todo aquel
que se atreva a protestarte.

Para reivindicarte.
Para proclamarte.
Para venerarte.

Para
nunca
dejar
de
amarte.

Ya no cabe el dolor
aquí dentro porque
me llené de ti.

ÍNDICE